자타카의 노래

부 처 님 전 생 이 야 기

글·그림 | 김장열

솔바람

차례

 사막을 건너는 법 11
희론 없는 전생이야기

 금빛 사슴 27
용수록의 전생이야기

 돌아오지 않는 배 37
탐욕상인의 전생이야기

 죽은 쥐 한 마리로 49
출라 재관의 전생이야기

 해오라기의 얕은 꾀 61
청로의 전생이야기

 세상을 떠돌다 온 사람 69
로사카 장로의 전생이야기

 왕자의 거짓 약속 87
참말의 전생이야기

 호미의 현인 99
현인의 전생이야기

아무도 가지지 못한 보물 109
베답바라는 주문의 전생이야기

 동산의 원숭이 123
동산을 해친 전생이야기

까마귀의 꾀병 131
비둘기의 전생이야기

다시 찾은 왕국 143
대구계왕의 전생이야기

사자를 흉내낸 승냥이 157
위광의 전생이야기

상카와 피리야 167
주지 않음의 전생이야기

길상초와 뭇카카나무 179
길상초의 전생이야기

진주 목걸이 189
대정의 전생이야기

친구의 이름 205
불운한 이의 전생이야기

까마귀를 미워한 바라문 215
까마귀의 전생이야기

묶인 밧줄을 풀어 순 사람 227
결박풀기의 전생이야기

임바나무의 어린잎 243
한 잎사귀의 전생이야기

Jātaka

 머리말

본생경은 산스크리트어 자타카(Jātaka)라는 말의 한자어로, 자타카(Jātaka)는 원래 '태어나다', '태어난 사람' 이라는 뜻이었으나 불교에서는 '석가모니 부처님의 전생이야기' 라는 뜻으로 쓰이고 있습니다.

고대의 인도 사람들은 훌륭한 인물이 태어나기 위해서는 반드시 수많은 전생을 거치며 수행이 필요하다고 생각했는데, 이는 석가모니 부처님의 경우에도 그대로 적용되었다고 믿었습니다. 그리하여 석가모니 부처님의 설법과 초인적이고 비범한 행적을 전해 듣는 한편, 당시 사람들의 상상력까지 가미되어 500편이 넘는 부처님의 전생이야기가 만들어진 것입니다.

자타카에 나오는 부처님의 모습은 왕, 신하, 장자, 서민 같은 다양한 계층의 사람으로 표현되기도 하고 때로는 코끼리, 사슴, 원숭이, 토끼, 공작, 물고기 같은 동물로 표현되기도 합니다.

특히 동물로 나오는 이야기 중에는 이솝이야기와 비슷한 내용들도 있는데, 이것은 자타카가 유럽으로 전해진 뒤 이솝이야기로 차용된 경우라고 추측됩니다. 그러니 어찌 보면 자타카야말로 이런 우화의 원조격이라고 할 수 있습니다.

본생경을 만화로 옮기면서 고민되었던 부분은 전체 547화의 많은 이야기 중에서 어떤 것을 선택해야 하는가였습니다. 그래서 전달하고자 하는 내용과 의

미가 분명해서 누구나 이해할 수 있는 이야기, 한 번쯤 들어보았음직한 널리 알려진 이야기, 지루한 일상에 재밋거리를 더해 주는 이야기 등을 우선적으로 선별하였습니다.

본생경의 모든 이야기는 머리말, 본말, 맺음말의 세 부분으로 구성되어 있습니다. 머리말에서는 현재 부처님과 승단, 그리고 보통사람들의 삶 속에서 일어나고 있는 갖가지 사건들을 통해서 부처님 전생이야기가 나오게 되는 계기를 마련해 주고 있습니다. 여기에서 부처님은 현재의 사건이 우연히 이번 한 생에서 일어난 것이 아니라 과거에도 똑같은 일이 있었음을 밝히며 본론으로 들어갑니다. 그리고 본론에 해당하는 전생이야기의 주인공들은 지금 현재의 누구였다는 말로 이야기를 끝맺습니다.

필자는 만화 본생경 작업을 하면서 머리말과 맺음말을 생략하고 전생이야기에 해당하는 본말 부분만으로 구성하였으며, 이야기 마지막에 실리는 게송 부분은 원래의 의미를 해치지 않는 한도에서 문체를 부드럽게 수정했음을 밝혀드립니다.

원고지가 한 장씩 쌓여 한 권의 책이 될 때까지 기다려 주신 도서출판 솔바람 사장님과 편집부 직원들께 감사의 마음을 전합니다.

2007년 여름 김장열 두 손 모음

어리석은 자와 함께 산다는 것은 원수와 함께 사는 것만큼이나 고통스럽다.
그러나 현명한 사람과 함께 있으면 기쁨이 넘쳐 강물처럼 흐른다.

• 법구경

사막을 건너는 법

희론 없는 전생이야기

사막을 건너는 법

- 희론 없는 전생이야기 -

*야차 불교에서 얼굴 모습이나 몸의 생김새가 괴상하고 사나운 귀신을 이르는 말. 신통력을 가졌으며 사람을 괴롭힌다고 함.

사람이 사람답게 산다는 것은
무엇보다도 먼저 사람을 귀하게 여길줄
아는 데서 시작되어야 한다.
인명 존중뿐 아니라 생명 존중으로 그 뜻이 확산 될 때
인간의 뜰은 그만큼 너그러워질 것이다.

• 법정 스님의 〈인연 이야기〉 중에서

금빛 사슴

용수록의 전생이야기

금빛 사슴

- 용수록의 전생이야기 -

왕은 사냥을 좋아해서 하루도 거르는 날이 없었다.

그날도 어김없이 숲에서 사슴 사냥에 열중하고 있었는데….

저렇게 아름다운 금빛 털을 가진 사슴이 있다니….

남을 속여서는 안 된다.

남을 멸시해서도 안 된다.

남을 괴롭히거나 고통을 주어서도 안 된다.

· 숫타니파타

돌아오지 않는 배

탐욕상인의 전생이야기

돌아오지 않는 배

— 탐욕상인의 전생이야기 —

※**영락** : 진주, 옥, 금속 등을 끈으로 꿰어서 목이나 가슴 등에 늘어뜨린 장신구의 하나.

운이라는 것은 그렇게 자주 찾아오는 것이 아니다.
오죽하면 운이라는 것은 곧 죽음을 기다리는 것과 같다고 말했겠는가.
그렇기 때문에 자신의 생애 가운데 일대
전기가 될 수 있는 어떤 운을 만나게 된다는 것은
아마 일생에 고작 한두 번에 지나지
않을지도 모를 일이다.

• 박상하의 〈CEO 이병철과의 대화〉 중에서

죽은 쥐 한 마리로

출라 재관의 전생이야기

죽은 쥐 한 마리로

- 출라 재관의 전생이야기 -

잡답이나 소문으로 판단하지 말고

다른 사람들이 네게 한 말로 판단하지 말고

다른 사람들이 한 말을 네가 들은 것으로도 판단하지 말라.

• 증일아함경

해오라기의 얕은 꾀
청로의 전생이야기

이웃 사람을 비난하거나 시샘하지 말라.

스승을 찾아갈 때를 알고

가르침을 들을 수 있는 때를 알라.

훌륭한 가르침을 찾아 부지런히 듣고 배우라.

· 숫타니파타

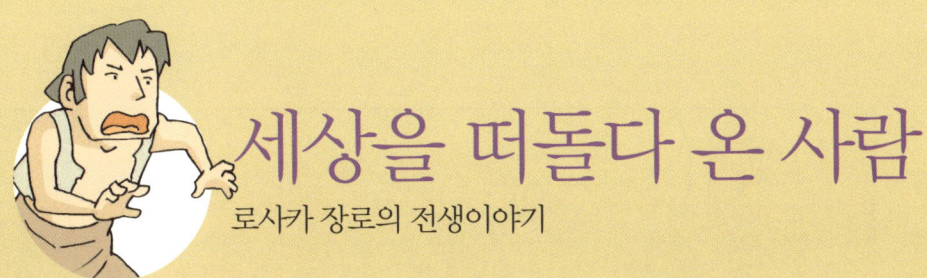

세상을 떠돌다 온 사람
로사카 장로의 전생이야기

세상을 떠돌다 온 사람

- 로사카 장로의 전생이야기 -

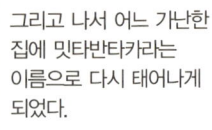

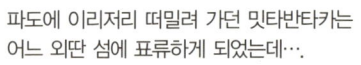

야차에게 던져진 밋타반타카는 한참을 날아서 자기가 떠나왔던 도시의 성 밖 가시덤불에 떨어졌다.

젠장, 하필 이런 곳에 떨어지다니….

앗, 따가워!

왠지 낯이 익은 곳인데… 내가 전에 살았던 곳인가?

오호라~ 여기도 산양이 있구나.

저 산양 다리를 잡으면 나를 집어던져서 다시 수정궁으로 보내 줄지도….

털끝만큼이라도 차이가 있으면 하늘과 땅 사이로 벌어지나니.

• 성철 스님 법어집 〈신심명 강설〉 중에서

 # 왕자의 거짓 약속
참말의 전생이야기

왕자의 거짓 약속

- 참말의 전생이야기 -

감각을 절제하지 않고는
마음에 부는 바람을 잠재우지 않고는
명상을 실습하지 않고는
그대는 결코 아트만을 깨달을 수 없다.
지식에 의해서는 결코 아트만을 깨달을 수 없다.

• 우파니샤드

호미의 현인
현인의 전생이야기

호미의 현인

- 현인의 전생이야기 -

남의 것을 훔치지 않고 남을 속이지 않고
착취하지 않고 남에게 부당하게 굴지 않으면서
자신의 필요를 충족시키는 것이 바른 직업이다.

• 앙리 브뤼넬의 〈도를 찾아 떠난 고양이〉 중에서

아무도 가지지 못한 보물

베답바라는 주문의 전생이야기

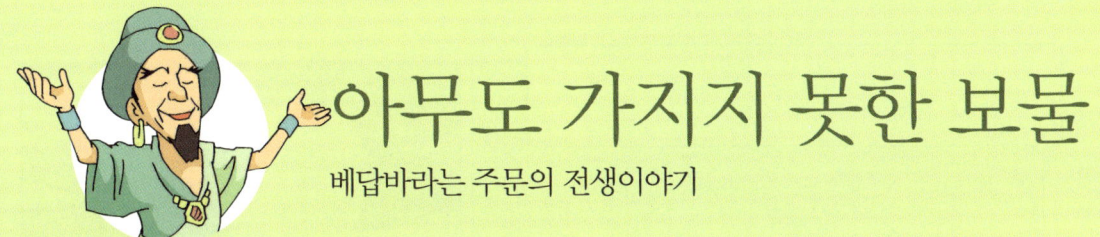

아무도 가지지 못한 보물

- 베답바라는 주문의 전생이야기 -

한밤중에 보물을 차지하기 위해 도적들끼리 서로 죽고 죽이는 사투를 벌이게 되었고….

아침이 밝아올 무렵엔 최후의 두 명만이 살아남아 칼을 겨누고 있었다.

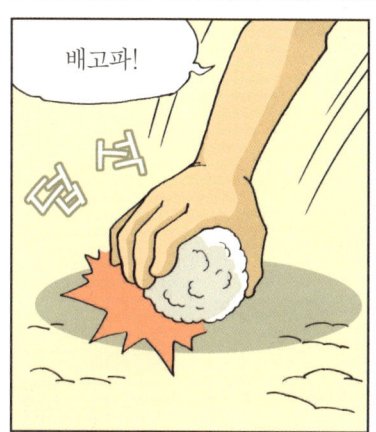

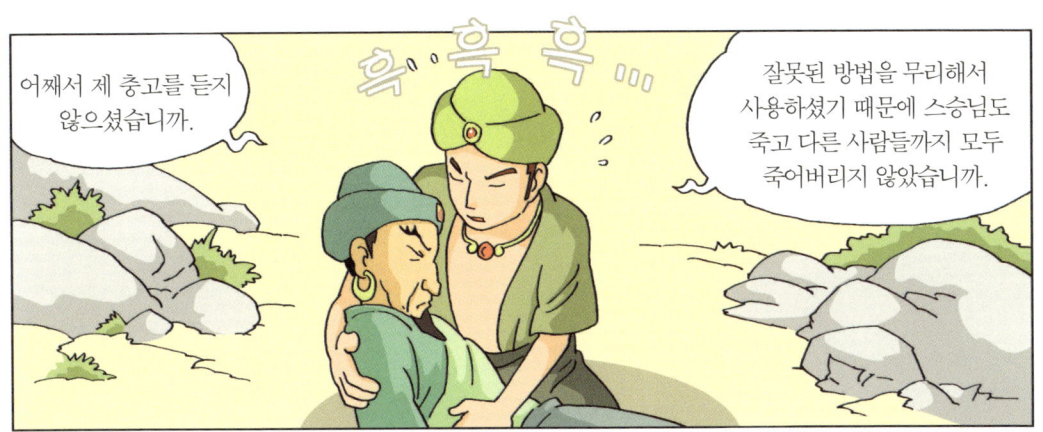

스님께서 어떤 스님에게 물었다.
"경에서 말씀하시길 '누더기를 입고 한적한 곳에
있으면 절(아란야)이란 이름을 빌려 세상 사람들을 속인다.' 고
했는데 그대는 어떻게 이해하느냐?"
그 스님이 절을 막 올리려는데 스님께서 말씀하셨다.
"그대는 누더기를 입고 왔느냐?"
"입고 왔습니다."
"나를 속이지 말라."
"어떻게 해야 속이지 않는 것입니까?"
"스스로 살 궁리를 해야지, 내 말을 따르지 말라."

• 조주어록

동산의 원숭이

동산을 해친 전생이야기

동산의 원숭이

- 동산을 해친 전생이야기 -

이제 우리는 다시 만날 수 없다.
물가의 느티나무일 수 없고
늑대의 춤을 출 수도 없다.
별들의 약속을 당신이 저버렸기에
그리하여 별들이 당신의 약속을 저버렸기에.

• 류시화의 〈삶이 나에게 가르쳐 준 것들〉 중에서

 # 까마귀의 꾀병
비둘기의 전생이야기

까마귀의 꾀병

— 비둘기의 전생이야기 —

부라후마닷타 왕이 나라를 다스리고 있을 때 바라나시의 주민들은 새를 좋아해서 집집마다 조롱을 걸어두는 풍습이 있었다.

어느 장자의 집 요리사도 부엌에 조롱을 걸어 두었는데 그곳에 비둘기가 살고 있었다.

어디서 이렇게 맛있는 냄새가 풍겨나오는 걸까?

수보리야, 나는 과거 생에서 가리왕에게
신체가 잘리었을 때
아상·인상·중생상·수자상이라는 아집이 없었다.
만약 나에게 자아라는 생각이 있었다면
응당 원망하였을 것이다.
또 기억해보니 나는 과거 5백세 동안이나
인욕바라밀을 실천한 고행자였다.
그때에도 아상·인상·중생상·수자상이 없었기 때문이다.

· 금강경

다시 찾은 왕국
대구계왕의 전생이야기

다시 찾은 왕국

- 대구계왕의 전생이야기 -

나는 지혜롭다는

이 착각을 남김없이 잘라 버려라.

내적으로 일어나는 욕망을 모두 정복해 버려라.

그리고 언제나 생각을 깊게 가져라.

• 숫타니파타

사자를 흉내낸 승냥이

위광의 전생이야기

사자를 흉내낸 승냥이

- 위광의 전생이야기 -

설산의 황금동굴에 늠름하고 힘센 사자가 살고 있었다.

어느 날 승냥이 한 마리가 먹이를 찾으러 어슬렁거리고 있었는데….

배고파 죽겠네.

공동묘지를 지나갈 때.
그리하여 "여기 열여섯의 어린 나이로
세상을 떠난 소녀 클라라 잠들다."라는 묘비명을 읽을 때.
아, 그녀는 어린 시절 나의 단짝 친구였지.

• 안톤 슈낙 산문집 〈우리를 슬프게 하는 것들〉 중에서

상카와 피리야
주지 않음의 전생이야기

샹카와 피리야

- 주지 않음의 전생이야기 -

마갈타 왕이 다스리는 나라의 수도인 왕사성에 샹카라는 이름을 가진 장자가 8억 금의 재산을 가지고 있었다.

한편 바라나시에서도 피리야라는 장자가 8억 금의 재산을 갖고 있었는데

두 사람은 어려서부터 절친한 친구로 지내고 있었다.

우리의 우정이 변치 않도록 하세.

암, 그래야지.

우리들 모두 무엇이 되고 싶다.
너는 나에게 나는 너에게
잊혀지지 않는 하나의 눈짓이 되고 싶다.

· 김춘수 시인의 〈꽃〉 중에서

길상초와 뭇카카나무

길상초의 전생이야기

길상초와 뭇카카나무

— 길상초의 전생이야기 —

범여왕의 궁전 정원에 온갖 나무와 풀이 자라고 있었는데 신하들은 그 중에서 줄기가 곧고 가지가 넓게 퍼진 나무를 뭇카카나무라고 부르며 받들고 있었다.

뭇카카나무에는 큰 위력을 가진 나무의 여신이 살고 있었고 궁정 한구석에 있는 길상초 덤불에는 길상초 신이 살고 있었다.

뭇카카나무는 길상초와 친구로 지내고 있었는데 다른 나무들은 이 모습을 못마땅하게 생각하고 있었다.

있는 그대로 생각하는 것이 바른 생각이다.
있는 그대로 아는 것이 바로 아는 것이다.
있는 그대로의 것에 집중하는 것이 바른 집중이다.

• 중아함경

진주 목걸이
대정의 전생이야기

진주 목걸이

- 대청의 전생이야기 -

어느 날 범여왕과 왕비는 신하와 궁녀들을 거느리고 농산 숲길을 산책하고 있었다.

전하, 날씨도 더운데 시원한 물놀이를 하는 게 어떨까요?

그거 좋은 생각이구려.

연못으로 가서 다 함께 수영을 즐겨보도록 합시다.

가시가 없는 선인장을 만들어 내기 위한
실험을 하던 어느 식물학자의 일화가 기억난다.
식물학자는 틈날 때마다 선인장에게 다가가 속삭였다.
"너는 아무것도 두려울 게 없단다. 내가 너를 지켜 주면 되잖아."
그랬더니 선인장은 점점 가시를 거둬들였다.
가시 없는 선인장은 이렇게 탄생했다.

• 정희재의 〈당신의 행운을 빕니다〉 중에서

친구의 이름
불운한 이의 전생이야기

친구의 이름

- 불운한 이의 전생이야기 -

어려서부터 함께 지내고 같은 스승 밑에서 학문을 배우며 자란 친구가 있었는데

그 친구는 '불운한 사람' 이라는 이름을 가지고 있었다.

하필이면 불운한 사람이라고 이름을 지어 주셨지 뭔가.

이름이야 어떻든 간에 자네와 내가 친구인 것은 변함 없다네.

그 후 두 사람은 각자의 일을 하고 있었는데 불운한 이름의 친구는 진짜로 불운한 일을 당하게 되었다.

당신이 보증을 섰으니 이 돈을 대신 갚아 줘야겠어!

재산이 모자라면 집이라도 넘겨 줘야 할 거 아냐!

소외받는 사람들이 생겨납니다.
소외감은 스스로 만들기도 하고 남에 의해 강요되기도 합니다.
이웃의 고통을 나의 고통으로 알지 못하면
더 큰 나의 고통이 다가올 것입니다.

・〈불교설법전서5〉 중에서

까마귀를 미워한 바라문
까마귀의 전생이야기

까마귀를 미워한 바라문

— 까마귀의 전생이야기 —

깨달은 사람은 진리의 언어를 세우든
세우지 않든 본 바에 따라 올바르게 행동한다.

• 단경

묶인 밧줄을 풀어 준 사람

결박풀기의 전생이야기

묶인 밧줄을 풀어 준 사람

- 결박 풀기의 전생이야기 -

범여왕의 궁전에는 1만6천 명이나 되는 궁녀들이 살고 있었다.

그 중에서 유달리 외모가 아름다운 궁녀가 왕의 마음을 사로잡고 있었는데

그대를 왕비로 승격시켜 주겠소.

그녀는 외모만큼이나 질투심도 많았고 음욕에 만족할 줄 몰랐다.

아름다운 왕비여, 하고 싶은 것이 있으면 뭐든 말해보시오. 내가 다 들어 주겠소.

나쁜 생각으로 말하거나 행동하면

수레바퀴가 수레를 끄는

소를 따라가듯

불행이 따라온다.

・법구경

임바나무의 어린잎
한 잎사귀의 전생이야기

임바나무의 어린잎

— 한 잎사귀의 전생이야기 —

어느 날 왕은 창가에서 거리를 내려다보고 있었는데 그때 사람들 틈에서 성자의 풍모와 위엄이 넘치는 수행자가 지나가는 것을 보았다.

만일 이 세상에 올바른 법을 체득한 사람이 있다면 그것이야말로 바로 저 사람일 것이다.

어서 가서 저 수행자를 모셔오너라.

자타카의 노래
부처님 전생이야기

초판 1쇄 발행 | 2007년 9월 10일
초판 2쇄 발행 | 2008년 3월 25일
초판 3쇄 발행 | 2018년 5월 10일
글 · 그림 | 김장열
펴낸이 | 이동출
펴낸곳 | 도서출판 솔바람
등록 | 1989년 7월 4일(제5-191호)
주소 | 서울특별시 종로구 수송동 58번지 두산위브 파빌리온 1231호
전화 | (02)720-0824 전송 | (02)722-8760 이메일 | sulpub@nate.com
편집위원 박종일 | 편집장 김용란 | 편집 · 디자인 오수영 손미영 황은아 | 마케팅 권혁민 박기석
ⓒ김장열, 2007

값 13,000원
ISBN 978-89-85760-68-3 07220
· 잘못된 책은 바꾸어 드립니다.